ALPHABET

DES

ENFANTS SAGES.

Imp.-Lith. de Pellerin et Cie.
à Epinal.

(1)

A B C D E F
G H I J K L
M N O P Q R
S T U V X Y Z

ba	be	bi	bo	bu	Pa	pe	pi	po	pu
Ca	ce	ci	co	cu	Qua	que	qui	quo	quu
Da	de	di	do	du	Ra	re	ri	ro	ru
Fa	fe	fi	fo	fu	Sa	se	si	so	su
Ga	ge	gi	go	gu	Ta	te	ti	to	tu
La	le	li	lo	lu	Va	ve	vi	vo	vu
Ma	me	mi	mo	mu	Xa	xe	xi	xo	xu
Na	ne	ni	no	nu	Za	ze	zi	zo	zu

Mots d'une syllabe.

**Joie. Loi. Bal. Sang.
Arts. Blanc. Foi. Noir.**

Mots de deux syllabes.

Bi-jou.   Pa-trie.   En-fant.   Com-bat.
Ga-min.   Gloi-re.   Se-rin.   Chai-se.
Hon-neur.   Bon-heur.   Dra-gée.
Pè-re.   Mè-re.   Frè-re.   Dra-peau.

(4)

A A

Album.   Abeille.

B B

Baignoire.   Balustrade.

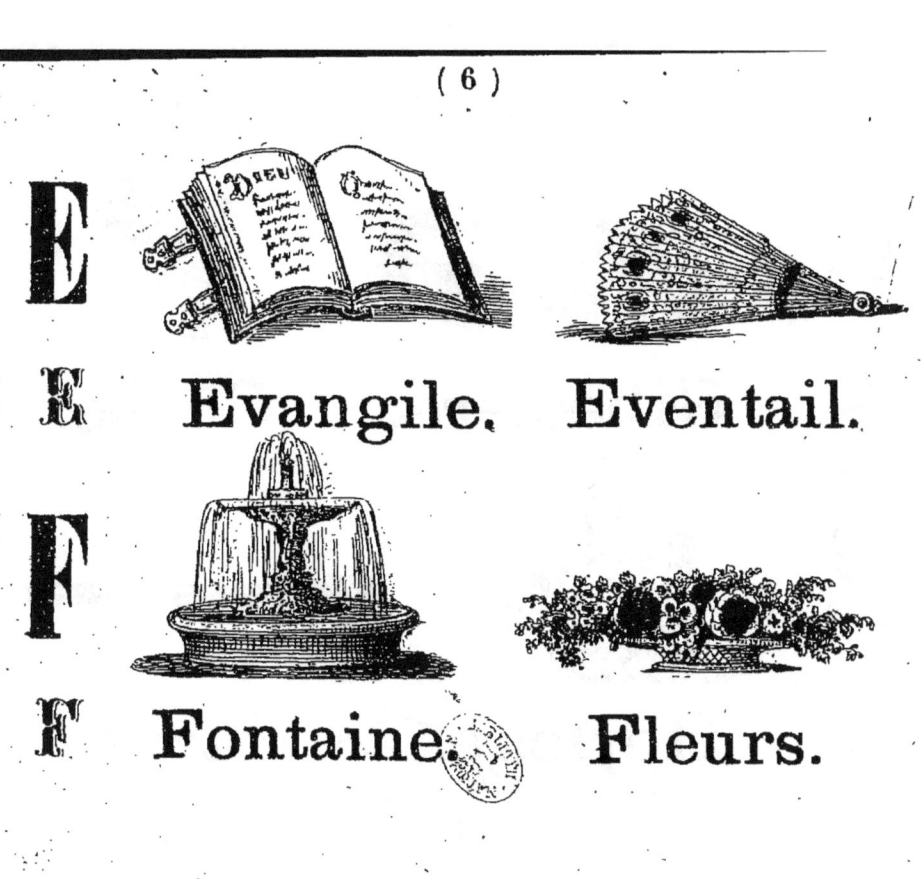

E Evangile. Eventail.

F Fontaine. Fleurs.

(7)

G g. Gibecière. Gerbe.

H h. Horloge. Hache.

(8)

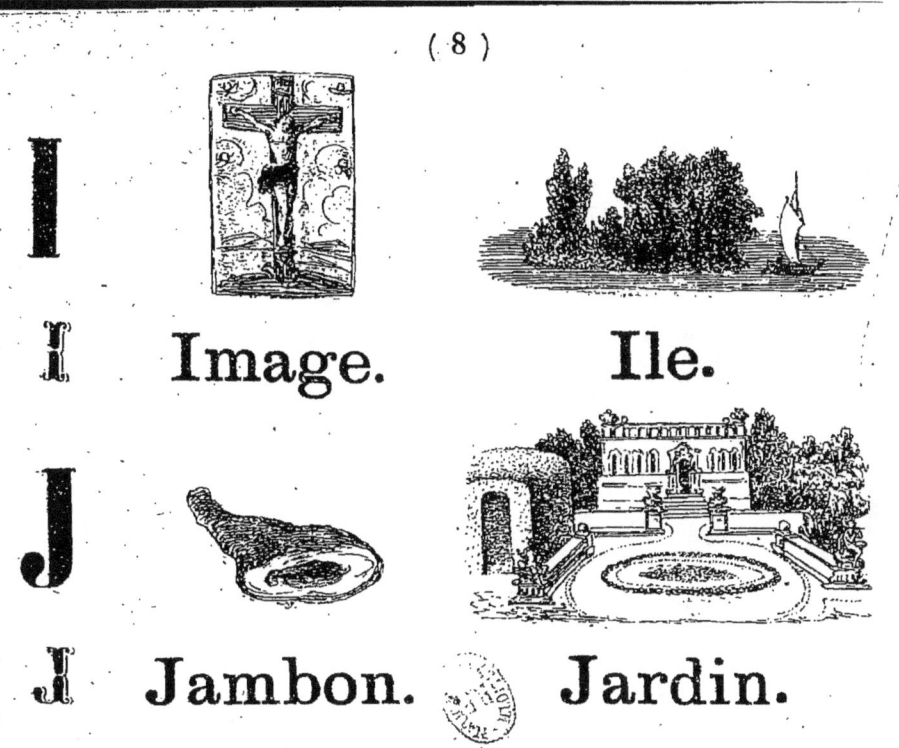

I   Image.   Ile.

J   Jambon.   Jardin.

K  Képi.  Kanguroo.

L  Lion.  Lapin.

M

M

N

N

Matou.

Marmite.

Navire.

Noisettes.

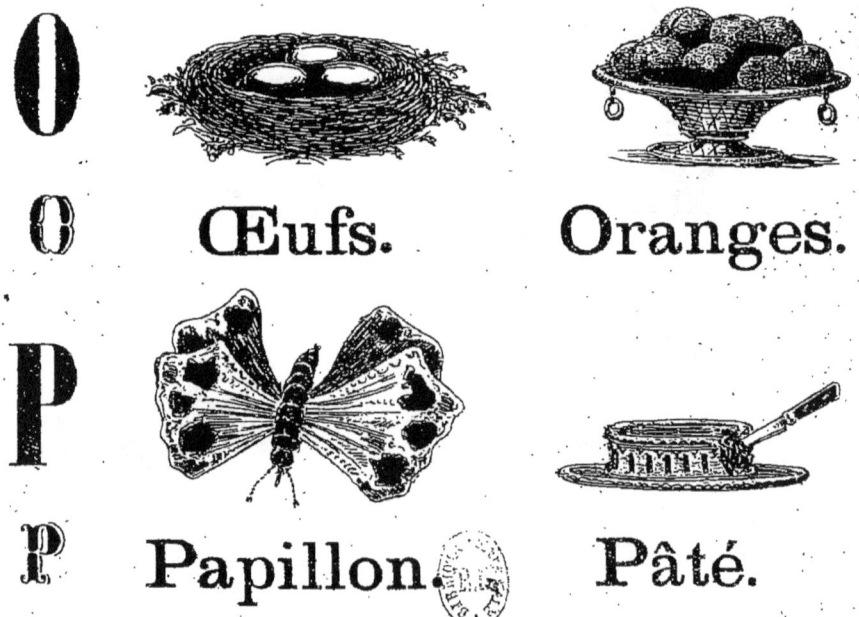

O o Œufs. Oranges.

P p Papillon. Pâté.

(12)

Q Quinquet. Quenouille.

R Renard. Raisins.

(13)

S

S Sanglier. Sandales.

T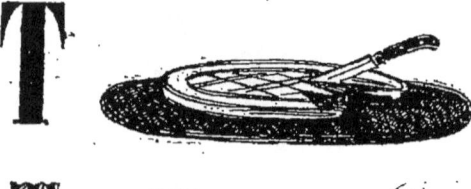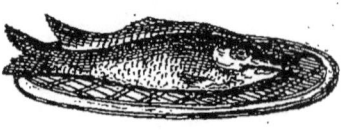

T Tarte. Truites.

U

U Ustensils.   Urne.

V

V Violon.   Voleur.

X Xerès.   Y Yatagan.

Z Zébeline.   Zèbre.

www.ingramcontent.com/pod-product-compliance
Lightning Source LLC
Chambersburg PA
CBHW060911050426
42453CB00010B/1656